태초의 고독

구석본 시집

시인동네 시인선 257   구석본 시집

태초의 고독

시인동네

시인의 말

나만의 깊이로,
나만의 사유로,
나만의 언어로,

만나는 존재들의 침묵에도
귀를 기울였다.

그들과 나눈 질문을
마침내 그대에게 옮기며

그대의 답을 기다린다.

낯선 길의 정면을 향하여 왔기에
여기까지 오랜 시간이 걸렸다.

2025년 7월
구석본

차례

시인의 말

제1부

태초의 말씀 · 13

오찬의 순서 · 14

별빛에 관해서 · 16

적멸(寂滅) · 17

마네킹의 유혹 · 18

사랑에 관하여 · 20

섬의 노래 · 22

달밤 · 23

나무, 날다 · 24

고독의 얼굴 · 26

절경(絶景) · 28

달빛 동행 · 30

별 · 31

다시 어머니 앞에서 · 32

신 · 35

저곳에서 이곳을 보다 · 36

그림자 · 38

낙타, 길 위의 고백 · 40

정상에서 · 42

詩 · 44

제2부

알 · 47

최후의 말씀 · 48

가을, 밤송이의 연가 · 50

고독의 몸 · 52

이름을 버리는 시간 · 54

지나가는 풍경 · 56

사막의 詩 · 57

모래시계의 정각 · 58

얼음 조각가의 첫 고백 · 60

내 안의 허공 · 62

가을, 바람이었다 · 64

마술 · 66

고독, 지평선을 긋다 · 67

바람의 詩 · 68

바람으로 서다 · 70

허기를 먹다 · 72

이정표 · 74

일상 · 75

허공에서 허공을 보다 · 76

그림자의 시간 · 78

제3부

고독나무 · 81

겨울나무 · 82

풍선인형의 詩 · 84

고독 읽기 · 86

러닝머신 · 88

천년의 힘 · 89

구름의 詩 · 90

슬픈 영화 · 92

덧칠 · 94

바닷가 횟집 수족관 앞에서 · 96

서귀포 · 98

그대의 침묵 · 99

석촌호수의 봄을 거닐다 · 100

고독을 주제로 하는 담화 · 102

이름 없는 꽃에게 · 104

노을 · 105

마지막 종합뉴스 · 106

침묵의 말씀 · 108

해설 고독 혹은 허공의 반(反)문법 · 109
      오민석(문학평론가·단국대 명예교수)

제1부

태초의 말씀

가을의 말씀에는 은유가 없다

은유의 꽃이 사라지고
은유의 잎이 떨어지고
은유의 뿌리였던
허기와 향기가 지워지고 나면

원색의 하늘만 남아, 침묵의 하늘만 남아

태초의 말씀,
허공 가득한 바람의 의태어로

그대의 한 생을 증언하고 있다.

오찬의 순서

음식이 나오면 나의 냄새를 지워야 한다
스테이크 냄새만 풍겨야 한다
죽은 것의 죽은 냄새만 풍기는 시간이어야 한다
허기를 숨기고
나이프로 천천히 고기를 썰어 놓아야 한다
그다음
와인잔을 들어 앞에 앉은
그대와 함께 '위하여'를 외친다
'무엇을'이 생략된 '위하여'는 허공을 맴돌다가
식탁 조명의 그늘 안으로 슬며시 숨어들고
웃음 안에 숨겨두었던 야성이 깨어난다
침묵이 육즙처럼 흐르는 동안
생략된 (무엇을)에
(나), (너), (우리),
한 번씩 번갈아 넣어보면
이번에는 함께 외치던 '위하여'가 생략된다
미완의 건배사를 입속으로 삼키면 다시 솟는 허기,
칼과 포크를 들어 생략된 그 무엇을 노리면

서로가 안으로 삼켜버린
그 '무엇'이 홀로 냄새를 피운다.

별빛에 관해서

별빛,
그 무엇노 밝히지 않는,
스스로만 빛나는,

어둠이 밝히는,

어둠 속에서만 빛나는 빛이다.

우주의 어둠으로도 지워지지 않는,

고독의 빛이다.

적멸(寂滅)

분리수거 쓰레기장 구석에
하얀 고무신 두 짝이 가지런히 놓여 있다
한 생(生)을 걸어오면서
한 짝이 앞서면 다른 한 짝은 뒤따르고,
하나가 왼쪽이면
다른 하나는 오른쪽이 되어
한 번도 맞댄 적이 없다가
누군가가 허물처럼 벗은 뒤에야
마침내 한 켤레로 나란하다
한 몸으로, 한쪽을 바라보며
나란하다

저 고요히 빛나는 적멸의 진신(眞身).

마네킹의 유혹

처음부터 거두절미(去頭截尾)되어 있었다

몸통만 말뚝처럼 박혀서

입 이전의 입으로 말하며 표정 이전의 표정으로
그대의 정면과 마주한다

나
이전의 나,

그대를 대신하여
부끄러움이 삭제된 가슴의 안이 드러난 그대의 옷을 입고

나를 가져, 원래 너의 것이었어,

말씀 이전의 말씀으로 말한다

만져봐, 부드러울 거야 향기롭기까지 할 거야

그냥 걸쳐봐,
잊고 있었던 양수(羊水)의 포근함이 느껴질 거야
그대의 첫 들숨과 날숨의 파동이 살아날 거야
그리고 천천히 걸어봐
탯줄로 이어져 있어도 혼자였던 태초의 고독이
그대 안에서
양수의 촉감으로 만져질 거야

피 흘리던 첫 경험의 고독이 거두절미되어
그대
그대의 정면에 우뚝 박혀 있다.

사랑에 관하여

사문진나루*에서 꽃 피운 미루나무를 보았다
능소화 줄기가 나무를 칭칭 감아 우듬지까지 올라
미루나무 푸른 잎이 통째로 꽃이 된 것이다

사랑이란
'나'와 다른 '너'가 혼신으로 칭칭 감겨
너,
외로움의 뼈가 나의 급소를 파고들어
화석으로 굳어가던 영혼이 파열되어 쓰러져도
몸의 뿌리부터 하늘 맞닿은 우듬지까지
너를 칭칭 감아 아슬히 끌어 올려
'너'의 꽃을 피우는 것이다

끝내는 서로의 이름을 지우고
오로지 꽃나무로 우뚝 서서
하나의 몸으로 하늘 향해 펄럭이는 것이다

그곳이 허공일지라도

한 생을
꽃과 잎으로 함께 펄럭이는 것이다.

---

*사문진나루: 대구광역시 달성군 화원읍에 위치한 조선시대 낙동강 물류 운송의 중심 나루였다. 현재 그 일대가 공원으로 조성되었다.

섬의 노래

파도여, 나를 돌려봐
지구본 돌리듯, 바람개비 돌리듯,
돌려봐, 뭉개봐, 무너뜨려 봐,
언제나 처음 그 자리 그곳으로 돌아와
수평선의 배경이 될 거야
소리쳐 봐,
세상 모든 소리를 일시에 깨워봐,
그럴수록 너 안에서
침묵의 뿌리가 될 거야

맨살이 터지고 영혼조차 허옇게 부서지도록
때려봐, 뭉개봐, 갈겨봐, 찢어봐,

파도여, 그래도 이 자리,
처음 모습 그대로일 거야

너, 안에서 비로소
나, 있으니까.

달밤

고슴도치 한 마리,
동그랗게 몸을 말아 허공에 걸려 있다

지상의 어둠 속에 웅크리고 있던 고독이
우주의 중심으로 솟아

노랗게 독이 오른 가시로

삼라만상(森羅萬象)의 급소를 찌르고 있다.

나무, 날다

나무와 나무 사이의 경계가 무너지고
우우우우 우거지는 봄

상수리나무 정중앙에는 딱따구리 집이 있고
그 안에 딱따구리알 서너 개
은밀하게 품고 있는 것을 보았다

나무는 하늘을 날기 위해
먼저 가슴을 후벼내야 한다는 것을 알았다

잎과 가지로 펄럭이다가
부스러기로 떨어지는 한 생(生)의 껍질과
부름켜에 화석으로 쌓여가는
고독의 나이테까지
후벼내고 파내어 물관부 깊숙이
너의 자궁이 되어 너를 품을 때
눈부신 공중으로 날 수 있다는 것을
상수리나무는 알았다

새가 하늘로 날아오른다
나무가 하늘을 날고 있는 것을 처음 보았다

황혼의 붉은 시간을 지나
새 한 마리,
상수리나무 몸 안 깊은 곳에 날개를 접는다

딱따구리, 마침내 뿌리를 가졌다.

고독의 얼굴

내가 나를 증명하려면 이력서를 내야 했다
그대 정면에서 보여주는 무기력한 표정,
고양이의 몸짓, 각질이 된 분노,
진면목(眞面目)으로도
'나'를 증명할 수 없었다
내가 '나'임을 증명하는 것은
그대와 지금 마주 보고 있는 '나'가 아니라
한 장의 이력서였다

이제 이력서의 '나'를 지우는 시간,
비로소 '나'가 보인다

아침이면 머문 자리를 지워서
허공이 되는 달과 별,
노을 너머에서 제 홀로 깊어 가는 어둠,
오오, 저무는 삼라만상의 맑고 푸른 그늘이
우주의 거울이 되어 나를 비춘다

처음의 진면목이 안에서 떠오른다
수평선 너머에서 솟아오르는 빛처럼
뼈대만 남은 나의 얼굴이 보인다
고독의 얼굴이
내 안의 백지에 서서히 그려진다

비로소 내가 '나'를 마주 보는 시간이다.

절경(絶景)

그곳은 다다를 수 없는
한눈에 보여도 건너지 못하는 그쪽의 세상이다
온몸을 비틀어 올린 바위,
굽이치는 그리움의 형상까지
그쪽의 세상을 아득히 채우고 있지만
끝내 닿을 수 없는
소실점의 점, 점, 점, 점,
으로 그려지는 경치다

여름이 지나고 가을로 접어드는 날 밤
서늘하게 투명한 고요의 음계를 걸어 오를 때
문득 내 안의 허공 속에서 차오르는 그대,

닿을 수도, 들어갈 수도 없어
바라보다가 눈감고 바라보다가
끝내 스쳐 지나가야 하는 그대,
이 세상 나의 소실점이다

애달프고 아스라한 내 안의 풍경이다
내 안에 있는 닿을 수 없는
나의 세상이다.

달빛 동행

달 밝은 밤
홀로 걸어본 적 있나요
가로등 없는 시골의 밤길
산기슭이나 강변을 걸어보았나요
발자국마다 달빛이 먼저 그늘을 쓸어주고
불쑥 그만큼 앞서면 어둠에 묻힐세라
한순간 무심하던 공중의 달이 화들짝 따라와
더도 덜도 아닌 그만큼만 따라와
길의 모퉁이부터 열고 있지요
외로움이 외진 어둠을 안고 절룩거리면
스르르 허리 굽혀 뒤꿈치부터 들어 올립니다
이때쯤 외로움도
바람과 함께 노래가 됩니다
집까지 따라와 등 떠밀어주고는
다시 두둥실 떠오르는 달
공중에서, 그만큼의 거리에서,

그대가 그곳에 계셨습니다.

별

멀리 있는 것은 빛난다
멀면 멀수록
그 빛은
태초의 정신처럼 영롱하지만

이승의 몸으로는 다가갈 수 없는

그대

다시 어머니 앞에서

손녀는 두세 살 무렵에 먹지를 않았다
분유도, 밥도, 과일도, 과자도 먹으려 하지 않았다
아내는 그런 손녀 옆에서 숟가락과 밥을 가지고 지키다가
아이가 장난감 놀이에 정신을 빼앗기는 순간,
손녀 입에 밥숟가락을 넣는 것이다
과일도 별 모양으로 깎아 '별을 먹자'면서 입에 넣어주었다
놀이터에서도 외출할 때도
아내의 손에는 밥그릇과 숟가락이 있었다
아내는 밥 주는 사람이었다
손녀는 이제 고등학생이 되어 혼자 밥을 먹는다

식사할 때 아내는 말없이 내 앞에 앉는다
당연히 겸상한다고 생각했다
있는 듯 없는 듯 아내는 앉아 있었다
식사를 마치면 나는 훌쩍 식탁을 떠나곤 했다
일흔이 넘어 아내가 보이기 시작했다
식탁을 사이에 두고 마주 앉은 아내가 보였다
고등어살을 발라내

나의 밥숟가락 위에 얹는
아내의 손이 보이기 시작했다
소고기 상추쌈을 입에 넣어주는 손, 달걀을 넘겨주는 손,
이것은 단백질이야, 나이가 들수록 고루 섭취해야 해,
손녀를 달래며 밥을 먹이던
아내의 음성이 들리기 시작했다
TV를 보고 있노라면 부엌과 거실을 들락거리며
물 마실 시간, 약 먹을 시간에 맞춰
종일 바쁘다
아내는 입히고 먹이고 잠재우는 사람,
일흔이 넘어 아내가 보이기 시작했다

자아, 밥 먹을 시간이다
물 마실 시간이다
약 먹을 시간이다

당신의 음성이 들려옵니다
어머니, 세상일이 서툴러집니다

걸음마다 눈길처럼 미끄럽고 가파릅니다
어머니,
당신의 뒤를 그림자처럼 따라가는 나를
일흔이 넘어서야 비로소 봅니다.

신

딸이 신을 새로 사야겠다며
한사코 신발가게로 나를 끌고 간다
오래 신어 오히려 편하다 했지만
낡은 신은 쉽게 넘어질 수 있다면서
내 몸처럼 낡아온 신을 쓰레기통으로 버린다
지나온 나의 길이 버려진다
최근에 나온 신이라며
끈을 묶고 푸는 것까지 딸이 가르쳐 준다
딸이 가르쳐 준 대로 새 신발을 신고
지금부터는
또박또박 누군가가 가던 길을 걸어야 한다
황혼의 붉은 어둠 속으로 걸어야 한다

언젠가 이 신을 스스로 벗으면
신이 되어,
스스로 신이 되어 아무도 가르쳐 주지 않는
그 길을 걸어가야 할 것이다.

저곳에서 이곳을 보다

그분이 돌아가셨어요,
휴대전화로 친구가 알려 왔다
늦가을 길 위에 낙엽이 시나브로 떨어진다
나무의 우듬지에 아직 남은 잎들이 바람에게 속삭인다
그분이 돌아가셨어요 방금,
낙엽을 줍는다
한 생을 돌고 돌아 돌아가신 그분,
여름 한철 갈참나무를 갈참나무이게 했던 이파리
이제는 바스라져 갈참나무 이름이 지워진 채
바람에 휩싸여 돌아간다
다시 낙엽이 떨어진다
방금 돌아왔어요
낙엽으로 왔어요
낙엽에는 이름이 없어요, 그냥 낙엽일 뿐이에요
저 위를 보세요
허공과 맞닿은 우듬지에 아직 남은 잎들이 펄럭인다
저곳을 돌고 돌아 이곳으로 돌아왔어요
마침내 돌아온 이곳은,

저곳에서는 아득한 허공이었어요
낙엽을 손바닥 위에 올려놓자
바람으로 돌아, 돌아간다
허공 속으로 돌고 돌더니 저곳에서 허공이 된다

이곳에서 보는 저곳의 허공이 된다.

그림자

나의 배후라고 생각했다
햇빛이 그린 등 뒤의 허상,
내 몸이 빛으로 반사되는 순간이면
언제나 사라지는 처음부터 없던 것이었다

처음의 울음과 함께 있었던 것이 그대였음을
햇살 맑은 가을날 비로소 안다
함께 있는 몸이지만
결코
만질 수 없는, 느낄 수 없는,
소리조차 없는,
아득한 그대

내 안보다 더 깊은 그대

밤마다
어둠이 펼치는 캄캄함 속에서
비로소 서로의 몸 안으로 스며들어

오롯이 한 몸이 된다

내 안의 자궁에 태아처럼 웅크린다
내 안에 있는
또 다른 고독의 몸이다.

낙타, 길 위의 고백

모랫길이 끝나는 그곳에는 강이 흐르고
꽃들이 피어 있을 거야
모래밭 그 너머
밤이면 별빛이 부서져 무지갯빛으로 내리는
그런 언덕에
나만의 집이 한세상을 암탉처럼 품고 있을 거야
모랫길은 이쪽에서 저쪽으로 넘어가는 징검다리,
그러기에 잠시 걸어가는 모랫길의 아픔,
혼자 걷는 두려움까지도 삭이며 묵묵히 걸었지
그러나 모랫길은 끝이 없었지

이제야 알았어
내가 밟는 모든 땅이 서서히 모래로 변하는 거야
내가 꺾은 황금빛 나뭇가지,
은밀하게 나누었던 사랑,
내 안에서 끓어오르는 외로움까지도 모래로 변하는 걸
지평선 가득한 노을을 바라보며 비로소 알았지
그래도 나는 걸어야 하지

모래 안에 갇혀 결국은 모래 속으로 스며들어야 하지만
바람으로만 불어오는 저쪽 세상이 있기에
걸어야 하는 거야

오늘 밤, 별들이 무수한 모래알로 반짝이고 있네
내일 다시 걸어야지.

정상에서

'산을 오른다'는 어느 시인의 시구(詩句)를
'신을 오른다'로 읽은 봄날,
산을 오른다
산길 곳곳에 무덤이 이정표처럼 솟아 있다
무덤은 산을 형상화한 거야,
헐떡이며 산을 오르는 일행 중 한 사람이 말했다
그러면 산은 신들의 무덤이야
어느덧 무덤은 산이 되고 산이 신이 되는 산길
누군가가 '신은 죽었다'고
붉은 음성으로 말할 때 정상에 올랐다

　산 아래서 하늘이라 불렸던, 세상 바깥이라 생각했던, 그래서 세상을 떠난 그들의 눈물이, 그들의 외로움이 어느덧 영원의 몸이 되어 문득 나타날 수도 있으리라 상상했던 정상은 그림자가 없는 무한의 허공이었다 정상에 듬성듬성 그림자를 깔고 엎드려 있는 존재들은 바람의 몸이었다

　정상이 맞닿은 하늘의 세계는

초기화면 이전의, 시작도 종료도 없는 화면이었다
허공에서 불어오는 허무의 바람에
우리들은 신의 무덤에 피어난 꽃으로 하늘거리다가
무덤 하나씩 짊어지고 산을 내려왔다.

詩

언제나 의식의 절벽,
그 아슬한 곳에서 피어난다

닿을 수 없는 그곳에서
아득한
빛깔과 향기로
영혼을 끊임없이 깨우는

끝내 닿을 수 없는
영혼의 벼랑 끝,

극단에서 피어,
그늘진 곳에서 홀로 빛깔과 향기를 피워 올리는
꽃이여.

제2부

알

계란이 식탁에 놓여 있다

오롯이 하나로

지금 식탁에는 밥도 김치도 있다
그리고 당신도 프리지어꽃처럼 웃고 있지만
계란이 놓이는 순간,
알만 보이는 것이다

동그란 고독만 보이는 것이다

계란 하나 먹고 길을 나서면
알을 닮은 영혼 하나가
오늘 아침, 떠오르는 해처럼 동그랗게
길거리에 떠다닌다
그 알들이 세상의 식탁에 놓인다

하나뿐인 고독의 원형이 아침을 낳는다.

최후의 말씀

사랑한다, 즐겁다, 괴롭다, 쓸쓸하다, 아프다,
더불어 형형색색으로 피어나고 지던 꽃의 이름들과
가슴 깊은 곳에 은밀하게 흐르는 그리움이 부르던
무수한 이름들,
그리고 밤마다 영혼을 찌르던 칼날 같은,
안으로만 소리 지르다가
어둠으로 가라앉은
침묵의 말씀들

그렇게 많은 명사와 동사와 형용사와
어간(語幹)과 어미(語尾) 깊숙이 서슬을 숨긴 채
옹알이처럼 울리는 침묵으로
거울을 보고 책장을 넘기고
때로 당신을 만나
웃음을 나누고 눈물을 흘리기도 하며
그렇게 한 생을 보낸 다음

비로소 알았다

비유와 상징이 휘발된 최후의 말씀

고독

한마디로 요약되는 것을.

가을, 밤송이의 연가

숨겨야 한다고 배웠습니다
들키지 않아야 한다고 알았습니다

사랑은

그래서 가시를 세웠습니다
가지 끝,
아무도 닿을 수 없는 아슬한 곳에 있었습니다

그대의 몸에 닿을 수 없는 원죄의 가시로
차라리 내 안을 찌르고 찔러
아픔과 그리움과 외로움으로
몸을 익혀 왔습니다

이 가을, 그대 앞에
처음이자 마지막 몸을 열었습니다
익은 몸입니다
야성의 이빨로 한순간에 깨물어 주세요

그대 몸 안으로 바스라지고 또 바스라져
마침내 물이 되어 스며들고 싶어요
오로지 달콤하고 고소한 맛으로
그대 몸 안으로 녹아들어
그대의 원액이 되고 싶어요.

고독의 몸

도시의 밤,

빛 너머에도 빛, 빛의 배후도 빛이다
아니면 어둠 너머에도 어둠,
어둠의 뒤에도 어둠일 뿐,
빛과 어둠은 서로를 밝히지 못한 채
우두커니 거리를 헤매고 있다

어둠이 지워진 한 사람이,
빛으로 어두워진 한 사람이,
주점의 불빛 안으로 사라지고
어둠과 빛들만이 중앙로 쪽으로 몰려가고 난 다음
어둠으로 빛나고 빛으로 어두운
도시의 몸이
빛과 어둠 속에서 가로등처럼 홀로 우뚝하다

느닷없이
익명의 사람들이 빛의 소리로 왁자지껄하다

갑자기
형형색색의 사람들이 떼 지어 출렁인다

그 무엇도 밝히지 못한
빛과 어둠으로 가득한 허공에서
비명처럼 울려 퍼지는 도시의 적막

고독의 처절한 몸짓이다.

이름을 버리는 시간

산길을 홀로 걷는다
까치 한 마리 깡총거리며 앞서간다
까치다, 까치야,
이름을 부르자 허공으로 날아오른다
동박새를 부르면 동박새가 날아오른다

은밀하고 부드러운 목소리로 부르지만
새들은 이름을 버리고 가볍게 날아오른다

내가 부르는 이름은 그리움이 아닌
적의의 돌멩이였다

너를 부르면
은밀하게 부르면 부를수록 너는 점점 멀어져
저무는 가을 산의 그늘로 묻혀간다
그 누구도 그 무엇도 호명하지 못하는 시간
어찌 쓸쓸함을 부르겠는가, 외로움을 말하겠는가,
그리움으로

너의 이름을 부르겠는가

이제 기억의 몸에서
이름들을 낙엽처럼 하나씩 내려놓는 시간
문득 나를 부르는 누군가의 목소리가 들려온다
은밀하고 부드러운 목소리

나의 이름을 버리고
가을 산 그늘 안으로 서서히 들어서는 나를 본다.

지나가는 풍경

그가 지나갔다
간이주점에 앉아 술잔을 기울이다가
문득 건너다본 중앙로에 그가 걸어가고 있었다
거리에는 가을비가 흑백영화의 배경처럼 내리고
그를 불러보지만, 묵묵히 지나가고 있다
이어서 그녀가 지나가고 있다
처음에는 혼자였던 그,
들여다보면 무리를 지어 지나간다
그는 그의 무리, 그녀는 그녀의 무리로 지나간다
무리가 된 그들의 뒤에 그들이
그다음에도 그들이 지나가지만
거리에는 적막으로 왁자할 뿐
어둠만 남아 형형색색으로 왁자지껄할 뿐
가을밤의 어둠이 지나가는 그들을 지워가고 있다
문득 그들의 뒤를 따르는 한 사람이 있다
유난히 왼쪽 어깨가 높고 오른팔이 긴 한 사람,
지금까지 그들의 뒤를 쫓아가며 조금씩 지워져 가는
나를 보고 있었다.

사막의 詩

광활함으로, 태초의 숨결로
나,
그대 앞에 당당하려 했다

그대 낙타를 타고 나를 밟고 지나며
혼자 중얼거린다

아무것도 없어, 모래와 바람뿐이네

들끓는 땅의 가슴을 태우고 지워
마침내 펼쳐 놓은 지평선을 향하던
나의 그리움,
겨울 벌판의 어둠을 눈사람처럼 하얗게 밝히던
나의 고독,

그대 앞에서
아무것도 아닌, 모래와 바람이었네.

모래시계의 정각

처음의 시계는 해와 달 그리고 별이었다
일출에서 일몰까지, 초승달이 그믐달로 지는,
별과 별이 빛으로 고여 있는 어둠 속 적막이었다

처음 시계의 정각은 영원이었다

모래시계를 처음으로 생각한 사람은
흐르지 않는 영원의 시간을 견디지 못해
무너져 쌓이고 다시 무너지는 모래의 반복,
반복의 고독을 택하였으리라

모래시계는, 사우나실 구석에 오뚝이처럼 놓여 있다

저 홀로 무너져 쌓이고
누군가가 뒤집어 다시 무너져 쌓이며
땀 흘리는 사람들의 땀 흘리는 시간을 재고 있다

살의 고독, 뼈의 고독이 흘리는 땀,

고독의 시간은 안개처럼 서리지만
어디에도, 그 무엇에도 스며들지 못한다
무너져 쌓이면 다시 뒤집어져 처음이 되는
반복만 있을 뿐

흐르지 않는, 무너졌다 다시 쌓이고
다시 무너지는 시간이지만

모래시계의 정각은 언제나 고독을 가리키고 있다.

얼음 조각가의 첫 고백

얼음 조각 공원에서 그녀를 만났다
그녀의 웃음이 햇살과 부딪치며
붉은 형광으로 조금씩 갈라지고 있었다

원래는 물이었지요 흐르지 않는 물의 덩어리가 얼음이라면 얼음 조각은 물을 해부하는 과정이지요 나의 칼질은 얼음 안에 멈춰버린 물길의 흔적을 찾아가지요 이런 작업은 차가운 어둠 속에서 한답니다 어둠이 차가울수록 얼음 안의 물길은 자신을 단단하게 열거든요 정교한 칼질이 물길을 따라가면 끝내 물의 뿌리를 만나지요 물길은 언제나 뿌리 쪽으로 향하니까요

나의 칼질이 물의 뿌리에 닿자
물 대신 여자가 일어났어요
물의 뿌리에서 일어난 여자,
한동안 당신 앞에 서 있을 거예요
때로는 그녀의 웃음에서
당신과 내통하던 추억의 조각이

서슬처럼 반짝거리기도 하고
간혹 비릿한 외로움이 물방울처럼 돋아나기도 하지요
그러나 만지지 마세요
존재의 뿌리는 한순간 녹아버려요

얼음 조각가의 증언이 햇살처럼 뿌려지는 동안
여자는 가슴부터 녹아내려
한 무더기 사람들을 조금씩 적시고 있다.

내 안의 허공

아름다움의 배후는 두려움이다
이를테면 절벽의 끝에 서서 내려다볼 때
온몸을 관통하는 두려움, 한순간 눈을 감는다
눈을 뜨자 낭떠러지 아래의 모든 사물들이
형체를 풀고 가물거린다
풀어진 힘으로 안개가 피어오른다
꽃과 나무, 그 사이를 날아다니는 새,
물과 바람, 그리고 그들이 부딪치며 내는 소리까지
형체를 버리고 서로가 섞일 때
낭떠러지의 아찔한 절경이 되는 것이다

내 가슴에도 낭떠러지가 있다
불면의 밤, 명예와 욕망의 끝자락에 서서
두려움으로 감았던 의식의 눈을 뜨면
내 안이면서 닿지 못한 아스라한 곳,
그곳에서 가물거리는
그리움, 외로움, 쓸쓸함이라 불리던 것들
안개처럼 풀어져 울음으로 혹은 눈물이 되어

나를 적시지만
스스로 닿을 수 없는 내 안의 그곳,
내 영혼으로 채울 수 없는 절경의 허공이다.

가을, 바람이었다

가을날 초저녁, 골목 안 주점에 앉아
그를 기다리며 술잔을 기울인다
유리창 너머로 바람이 스쳐 지나가며
드르륵 드르륵드르륵 드르륵
문 열리는 소리가 난다
가을바람 부는 소리가 가슴속으로 우수수 떨어진다
술잔을 기울이며 혼자 중얼거린다
바람이었네, 그는 아직 오지 않았어,
취한 목소리가 단호하게 들려온다
아니야, 나 여기 있어. 자네보다 먼저 와 있었지,
바람 소리가 우수수 울렸다
다시, 가을바람은 소리가 시끄러운 법이라고 말하자
그는 나를 남겨두고 나는 그를 남겨두고
주점을 빠져나와
굴러다니는 무수한 바람 속으로 걸어 들어간다
아무도 손 흔들어 주지 않는다
나뭇잎 몇 개가 길 위에서 흩어질 뿐이다
그리고 가을밤 어둠이 절정인 그 시각

우리는 흐린 골목 주점에서 여전히 서로를 기다리고 있다

그 밤, 익명의 사람들이 흘깃거리며 스쳐 가지만
아무도 우리를 보지 못한다

원래 그와 나는 없었다
다만 바람이었다.

마술

종이가 촘촘하게 접히더니
나비가 되어 폴폴 날아다닌다
한동안 날던 나비를 잡아
훅, 당신의 입김을 불어 넣으면
다시 종이가 되고
그 종이를 잘게잘게 찢어 허공으로 뿌리면
꽃잎이 공중에서 떨어져 내린다

당신의 말과 손짓으로
나는 나비가 되고 종이가 되고
꽃잎으로 흩어진다

나의 한 생이
나 아닌

당신,

당신의 손안에서 접히고 펼쳐져 왔다.

고독, 지평선을 긋다

가을 산을 오른다
한 굽이 휘돌아 오르면
지나온 한 굽이가 까마득히 지워진다
지워진 다음, 다시 열리는 산굽이를 따라
휘돌아 오르는 것이다

되돌아보면 지나온 산굽이가 지워지듯
스스로를 지우며 왔다

그렇게 몇 굽이 휘돌아 오른 산의 정상,
보이는 것은
오직 허공에 그어진 지평선뿐이다

지워도 지워지지 않는
팽팽한 고독의 선(線)

누군가가 나의 생에
붉은색으로 진하게 밑줄을 그어 놓았다.

바람의 詩

내가 없었다
그들의 정면에서 온몸을 흔들어도 보아주지 않았다
향기와 빛깔이 모여 두근거리는 꽃을 배경으로
나를 흔들기 시작하여
가끔은 가벼우면서도 부드럽게
때로는 위에서 아래로 전신을 흔들어
처연하게 부서지기도 하지만
그들에게 나는,
투명한 나는, 보이지 않는다
나의 배후에서 피어나고 떨어지는 꽃만 보일 뿐이다
나의 몸과 영혼은 없었다
스쳐 지나갈 뿐이다

이제 한세상 휘돌아온 내 몸은 구멍이 숭숭 뚫렸다
실존의 배후인 꽃의 향기, 빛깔들이,
내 몸의 구멍으로 지나면
그들은 피리 소리로 듣는다
별빛과 새들을 스치면 그들의 빛과 노래가 된다

나의 온몸으로 너를 흔들면
너의 몸짓일 뿐
나의 깊은 정신으로 한 골짝 울리면
너의 메아리가 될 뿐이지만
켜켜이 구겨지고 접혀 끝내 부피조차 잃어버린
투명한 몸을 끊임없이 흔들 뿐이다
나의 흔들림으로 비로소 꽃이 피어나고
별빛이 흐르고
허공에는 새들이 날고 있다

내 몸에 뚫린 구멍에서 울리는 피리 소리가
오늘도 그대 앞에서 사무치고 있다.

바람으로 서다

비슬산 정상에 섰다
울음소리를 내며 낮게 흐르는 계곡을 건너고
길을 막는 나무의 잔가지를 꺾으며
세상에서는 찾을 수 없었던
정신 하나,
만나기 위해 몇 굽이 산모롱이를 지나
이윽고 정상에 섰지만
폐허 같은 혹은 사막 같은 정상에는
보이는 것이라곤 등 굽은 나무 한 그루,
이름 없는 풀잎들 속에서 몸 흔들 뿐
허공과 바람뿐이다
하릴없이 바람 앞에 선다
땀방울 같은 외로움을 닦아도 닦아도
끈적이는 바람으로 불어온다
비로소 안다
갈퀴 세우며 빛으로 향하던 욕망과
어둠 속에서 가슴을 오려내던 그리움의 몸이
바람이었다는 것을,

산 아래에서 보낸 칠십 년의 시간이
펼쳐 놓은 사막 같은 혹은 폐허 같은 세상,
그 음지 한구석에 한 그루 나무로
줄기마다 외로움의 **뼈**를 열매처럼 달고
우뚝 서서 바람 앞에 버티고 있었다는 것을,
이제 스스로 바람이 되어 펄럭이며 허공 안에 갇혀
외로움의 씨앗으로 뿌려져
흙 속으로 서서히 묻혀가고 있는 나를 본다.

허기를 먹다

은빛 고요가 불타오르는 쟁반 위에
구워진 생선 두 마리가 놓여 있다
한 생을 자글자글 태우던 허기,
정면 체위로 누워 있다
나이프로 먼저 대가리를 자르고 꼬리를 자른다
그다음 배때기를 쩌억 가르면
살보다 먼저 드러나는 주렁주렁 엮인 알들,
포크로 찍어 천천히 씹으면 하나씩 입안에서 터진다
비릿하면서도 고소하다
한 생을 통째로 먹는 맛이다
목구멍으로 넘어가면서 알들이 푸드득거린다
비로소 깨어나 한사코 내 살 속으로 파고든다
알알이 내 살 속에 박혀 부풀어 오른다
어느새 내 몸은 만삭이다
만삭의 몸으로 식당을 나서면
알에서 깨어나
내 안에서 끊임없이 푸드득거리는 치어들,
포크와 나이프를 들고

채울 수 없는 허기로 자글자글 타오르는 나를
쟁반 위로 스르르 올려놓고 있다.

이정표

등산로 옆, 무덤 하나 놓여 있고
봉분 정수리에 꽃이 피어 있다
잔디 속에 숨은 듯 피어나
산행의 이정표가 되었다
산을 오르고 내리는 사람들,
그 무덤을 흘깃거리며
지나온 길과
가야 할 길을 더듬는다

무덤이 묘비처럼 피워 올린 꽃,
빛깔과 향기로

사람 속으로 스며들고 있는 봄날이다.

일상

파리를 손바닥으로 재빠르게 움켜잡았다
손바닥을 펼치자 죽어 있었다
푸른 듯 흰 빛깔의 날개에서
일어나던 바람 소리가
체액으로 삐져나와 서서히 말라가고 있다
그것을
쓰레기통에 털어버린다

방에는 컴퓨터도 여전히 켜져 있고
컴퓨터 앞에 나도 여전히 앉아 있는데
한 마리의 파리가 또 날아든다
손바닥으로 그를 노리기 시작하였다

나의 등 뒤에서
나를 노리는 손이 얼핏 보였다가 사라진다

죽고 죽이는 하루가 저물어간다.

허공에서 허공을 보다

절벽의 끝 허공을 딛고 서서 아래를 내려다본다
세상의 모든 존재들이 형체를 풀어 가물거린다
고이기도 하고 흐르기도 한다
그 위로 안개가 피어오르기도 한다
아니, 그들의 풀린 힘으로 안개가 피어오른다

빛깔과 모양과 소리를 가진
그래서 꽃, 나무, 새라는 이름 붙여준 그것들
저렇게 멀리 놓이면 안개처럼, 어둠처럼 풀어져 버린다
꽃, 나무, 새
그들이 풀어져 있는 곳,
더 이상 내려갈 곳 없는 지상의 허공

모든 존재가 풀어져야
비로소 제 모습을 찾는 허(虛)와 공(空)
지상의 바닥이다

우리들 가슴의 깊은 곳을 밤마다 가득 채우는

그리움, 외로움, 쓸쓸함,
안에 있으면서도 닿을 수 없는,
영혼의 바닥에서 밤마다 피어오르는 것들
우리들 생이 풀어져 다시 모여드는
마음 안, 허공의 존재들이다.

그림자의 시간

꽃이 진 벚나무길을 걷는다

내가 한때 빛이었음을 증언하던
나의 그림자,
꽃이 삭제된 벚나무의 그늘 안에 들면

나, 밖에서
봄 한철 햇살의 빛으로 펄럭이며 피어나던
잎과 꽃을 지우고
비로소 나, 안으로 내가 들어서고 있다

벚나무와 나,

서로의 안을 걸어가며 서로에게 스며드는
그림자의 시간이다.

제3부

고독나무

TV 자막에서
'사건'을 '시간'으로 읽었다

수목원 개옻나무에 걸린 명패에서

'수액(樹液)은 약이 되나 독성(毒性)이 있다'를
'추억은 약이 되나 독성이 있다'로 읽는다

오독이다

'고목나무'를 '고독나무'로 읽은 가을날,
비로소 알았다

하늘에 떠다니는 새털구름이 읽어준 말씀인 것을

이 가을 수목원에는
고독나무가 붉게 물들어가고 있다.

겨울나무

겨울산 언덕배기에 서 있는 상수리나무 한 그루
하늘 맞닿은 우듬지에 까치둥지가 있다
얼룩처럼 듬성듬성 남아 있는 나뭇잎이
바람이 불면 하나씩 내려앉는다
그래도 까치집만은 여전히 흔들리지 않는다
앙상한 나뭇가지들이 까치집을 움켜잡고
바람이 불 때마다
상수리나무,
온몸의 근육이 시퍼렇게 돋아나
순간적으로 바람을 막는 것이다
바람 앞에서
상수리나무는 가진 것 차례로 버리고 있다
악착같이 남아 펄럭이는 검은 비닐봉지 같은 잎을
하나씩 하나씩 차례로 버리고
삭정이를 버리고
마지막으로 달고 있던 도토리가
툭, 짧은 비명으로 지상에 떨어져 묻히면
이윽고 상수리나무는 알몸으로

까치집 하나,
오직 하나 남아 있는 빈 까치둥지에 온몸을 걸고
겨울바람 앞에 버티고 있다.

풍선인형의 詩

바람이 나를 일으킨다
내 안에 갇힌 바람이
나를
춤추게 한다
노래하게 한다

허공이 길이고 길이 허공이었던 바람

오늘 밤 나는,
그대 앞에서 펄럭이며 춤추고 노래하지만

바람의 껍질일 뿐

지금 배경이 되어 그대를 밝히는 붉고 푸른 조명
또한 바람의 그리움일 뿐
언젠가 나의 춤과 노래는
어두운 허공으로 투명하게 사라질 것이다

이윽고 밤이 깊어지면
누군가 내 몸에서 내 안의 바람을 뽑는다
내 생(生)의 껍질이 착착 접힌다

접힌 나의 춤과 노래
허공으로 풀어져, 어둠의 바람이 된다.

고독 읽기

눈물이 수시로 흐른다
한 생을 지나며 조금씩 고이던 몸 안의 물,
드디어 몸 바깥으로 넘실거린다

글썽이는 눈으로 당신을 읽는다
묵은 책을 넘기듯 생의 페이지를 넘기면
기억 속 당신
한 십 년 붉은 향기로 피어나는
꽃의 기록이었지
다시 또 한 십 년 사막의 모래바람
그 너머에 있는 신기루를 그리는,
검고 굵은 고딕체 활자들
눈길에 찍힌 토끼 발자국처럼 잠시 보이다가
서녘 햇살에 드리우는 그늘처럼 잠시 일렁이다가
아득히 어둠 속으로 묻혀가지

일흔 해가 지나면서 소문자로 읽히는 당신

꽃으로, 바람으로,
별에서 오는 빛으로,
당신의 한 생이 전집처럼 펼쳐지지만
끝내 고딕체로 남는 것은,

고독

눈물로 붉은 밑줄 그었네.

러닝머신

스타트 버튼을 누르면
내장된 길이 열린다

내가 달리면 길도 달리고
길이 걸으면 나도 걷는다

조작된 시간이 다할 때까지
걷다가 달리다가 걷다가 달리다가 다시 걷는다

시작도 혼자고 끝도 혼자다

외로움이 길이다.

천년의 힘
— 주목(朱木)의 고사목(枯死木) 앞에서

고사목은 흔들리지 않는다
비바람이 몰아친다
눈보라가 몰아친다
가끔은 번개와 벼락도 몰아친다

움직이는 것들이
죽을힘을 다하여 죽은 나무를 흔든다
그러나,

한번 버린 꽃과 잎을 다시 피우지 않는 나무,
죽은힘을 다하여 하늘과 맞선다

죽은나무*의
죽은 가지가 하늘을 파랗게 겨누고 있다

천년을 버티고 있는 힘.

---

*고사목(枯死木)을 순화한 말(국립국어원).

구름의 詩

흩어지고 싶어요
뿌리 없는 나는, 뿌리를 버린 나는,
바람처럼 흘러가고 싶어요

그러나 두둥실 떠 있어야 했어요
당신 밖에서 뭉게뭉게 끊임없이 피어올라야만 했어요
그래야만 허공,
당신의 형상을 느낄 수 있어요

한때는 내 속에 숨겨두었던
벼락의 치명적인 울음소리로, 찰나의 빛으로,
당신 속으로 타올라 쏟아지고 싶었어요

그런 순간이 있었어요

마침내 알았어요
당신의 몸 그리고 영혼까지
온 천지가

허공의 실존이라는 것을

당신의 바깥에서 정체(正體) 없이 두둥실 떠 있지만
이미 당신의 안이라는 것을
이제는 알아요.

슬픈 영화

지금 스크린에는 남자와 여자가 마주 보고 있다
멀리 보이는 배경으로 해가 저물 무렵
남자가 여자에게 '사랑'을 말한다
여자는 남자의 말에 괄호처럼 묶인다
음악이 낑낑거리며 그들의 사이를 파고든다
스크린의 어둠이 그들을 환하게 밝힌다
그들의 사랑이 파도처럼 부서져 허옇게 부풀어 오를 때
그들의 전면에 자동차가 지나가고
사람 1과 사람 2, 사람 3이 허겁지겁 뛰어가고
사이렌 소리 서서히 사그라지면
오버랩 되는 화면의 배경은 꽃 피는 봄에서
눈 내리는 겨울 바다로 이어진다
남자 홀로, 바닷가를 거닐고
휴대전화에서 들려오는
과거 회상의 여자 음성이 파도 소리에 묻힐 무렵
이윽고 남자는 뒤만 보이고 해 뜨는 바다로 떠나간다
사랑의 결말은 울음만이 클로즈업 되었다
울음은 울음을 건너서 울음을 부르기도 하지만

언제나 통속적으로 눈물 없이 끝난다
불이 켜지면 모든 것이 정지되고
순간 조명은 스크린을 바탕색으로 지운다

바탕색으로 클로즈업 되어 지워지지 않는 희디흰
고독,
관객들은 끝내 외면한 채 퇴장한다.

덧칠

절망으로 나를 지워왔습니다
그리움으로,
외로움으로, 행복으로,
나를 지워왔습니다

절망, 그리움, 외로움, 행복은
나를 지워가는 덧칠이었습니다
돌아보면 그 안에
나는,
처음부터 없었습니다

누군가가

이제 나를 이승에서 깨끗이 지우기 위해
씻을 수 없는 빛깔로 천천히 그리고 완벽하게
덧칠을 마무리하고 있습니다

절망, 그리움, 외로움, 행복이

아스라이 지워지며
조금씩 내가 보이기 시작합니다.

바닷가 횟집 수족관 앞에서

그대, 지느러미를 접어야 해
이곳은 바다처럼 조작한 수족관이야
다른 물고기보다 더 싱싱해 보이면 보일수록
그대의 생은 더 빨리, 더 먼저,
쓰윽쓰윽 썰어지는 거야
물살을 치고 나가려 하지 마
지느러미를 펼치고 퍼덕이는 순간
도마 위로 끌려 나가기 쉬운 거야
비실거려야 해, 아래로 더 깊이 가라앉거나
물방울처럼 수면으로 둥둥 떠올라야 해
비실거리는 몸짓이
수족관 안에 오래 남는 방식이야

동틀 때 혹은 석양 무렵
바다의 붉은 출렁거림,
그 속으로 몸을 섞어 출렁거리려 하지 마
이미 그대가 떠나온 다른 세상이야, 꿈꾸지 마
그냥 바라보는 거야

바라보는 것이 그리움의 처음이자 완성임을
온몸으로 익힐 때까지
묵묵히 바라보는 거야

죽은 체하는 것이 삶을 구걸하는 마지막 몸짓이야.

서귀포

언제부터인가
가슴 한가운데를 쉼 없이 팠습니다
깊이가 없어질 때까지
둘레가 무너질 때까지 파고 또 팠습니다

마침내 무한 허공,
후벼 파낸 가슴 가득 당신을 담았습니다

바다를 열었습니다

그리고
밤낮으로 철썩이는 그리움의 섬이 되었습니다.

그대의 침묵

그대와 나누던 말
그대의 음성이 떠오르지 않는다

더듬거리던 나의 말에
대답 대신 보내던 미소,
말없이 돌아서는
그대 등 뒤에 어른거리던 그늘

그대가 보여준 침묵의 몸짓들

이제사
말씀이 되어 들려오네.

석촌호수의 봄을 거닐다

이곳에서는
빛과 어둠이 서로의 그늘이며 빛이다
물속에서는 벚꽃, 조팝나무, 매화가
저마다의 이름을 버리고 어우러져 피어 있을 뿐,
멀리서 홀로 우뚝하던 빌딩도
어느새 호수의 안으로 내려가 솟아오른다

나, 너,

물의 마음으로 젖으면
호수의 물결과 물결 사이에서 찰랑이는
초승달

우리의 마음을 노랗게 물들인다

하나가 곧 모두고 모두가 곧 하나다*

한때, 영혼의 중심을 푸르게 물들이던

그리움과 눈물도 호수의 깊이 안에서
물의 빛깔과 향기로 고이고
그만큼의 거리를 지키며 은은하던 공중의 초승달도
곧장 따라와 물의 꽃으로 피어난다

봄밤의 석촌호수에서는

사람이 곧 꽃이고 꽃이 곧 사람이다.

―――――
*화엄경(華嚴經)의 '일즉다(一卽多), 다즉일(多卽一)'에서 가져온 말. 모든 존재는 개별적으로 존재하면서도 동시에 우주와 조화를 이루고 있다는 사상.

고독을 주제로 하는 담화

'사랑한다' 혹은 '슬프다'라는 그대의 고백에 눈물이 없는 건 사랑과 슬픔이 아니라 실은 고독의 그늘이기 때문이라고 했더이다.

바닥에는 붉은 카펫이
사람과 사람 사이에는 술잔이 오가는,
얼음 조각이 견고하게 서 있는 축제에서
그대가 누리는 기쁨의 노래와 현란한 춤도
고독을 견디는 순간이었음을
홀로 잠자리에 들 때 냉기처럼 느낄 것입니다.

햇살 맑은 가을날 홀로 산길을 걸을 때
문득 그대가 쓸쓸함을 느낀다면
그것은 낙엽으로 흩날리는 나뭇잎 때문이 아니라,
그대 옷깃을 펄럭이는 바람 때문이 아니라,
걸음마다 밟히는 흙처럼 부드러운 고독이
영혼 속으로 스며들고 있는 것입니다.

아침이면 일어나 창문을 열고
먼 하늘을 바라보는 그대,
밤새 그대 안에서 잠자던 고독을 깨우는 오래된 일상입니다.

고독이 고독으로만 있는 것이 아니라
슬픔과 분노와 기쁨과 미움 혹은 쓸쓸함을 넘나들며
얼음 조각처럼 그대 옆에 투명하게 서서
조금씩 녹아
이윽고 그대의 영혼을 흥건하게 적실 것입니다.

당신이 남긴 발자취마다 고독이 움푹하게 파이고 있습니다.

이름 없는 꽃에게

벼랑의 끝이었어
바람이 몰려가다가 덜컥 멈추는
그 자리,
햇살이 첫사랑처럼 쏟아지다가
그늘로 사그라지는 그 자리,

혼자 가쁜 숨결로 피어서 흔들리고 있는,
불러줄 사람이 없어
처음부터 이름이 없는,

저 꽃

외로움에도
빛깔과 향기가 있다.

노을

누군가
그어 놓은 점선에 갇혀
쇳물처럼
안으로만 안으로만 끓어오르던
그리움이
한 생이 다하여 저무는 순간,
점선 바깥으로
왈칵 쏟아져
구천(九天)으로 흘러가고 있다.

오늘도
한 사람의 그리움이 붉은 점선을 그으며 흐르고 있다.

마지막 종합뉴스

　엽총을 든 오십 대 남자가 집 나간 아내를 만나게 해달라고 자신의 초등학생 아들을 인질로 경찰과 대치하다가 아들은 다섯 시간 후 풀어주고 자신을 인질로 하여 경찰과 대치 중이란다. TV 화면에 모자이크로 처리된 남자의 뒷모습이 얼룩처럼 잠시 비친다.

　자신에게 스스로 인질이 된 그 남자,
　총구는 자신의 가슴을 노리고 있다.
　아내에 대한 그리움이 총구에서 부풀어가고 있다.
　확성기에서는 자수하라는 음성이
　집으로 돌아가는 새 떼처럼
　어두워 오는 도시의 하늘을
　날아오르다 사라지기를 반복하지만
　먼 세상의 파도로 출렁이는 그녀,
　방파제 앞에서 허옇게 부딪칠 뿐
　끝내 돌아오지 못한다.
　사내는 총구로 급소를 겨눈 채 창밖을 흘끔거린다.
　지혈되지 않는 외로움에 온몸이 흥건한 사내,

TV 화면을 적신다.

그 남자,
스스로 외로움의 인질이 되어
세상의 어둠 속으로 질질 끌려가고 있다.

그날 밤 마지막 종합뉴스 시간,
화면에 클로즈업 된 것은
온 도시를 흥건하게 적시는 외로움이었다.

침묵의 말씀

태초에 침묵이 있었나니

사랑도 침묵이었고 그리움도 침묵이었다
침묵의 말씀 안에 그대가 있었고
내가 있었다
새는 하늘을 날고 미루나무는 강가에서 잎을 펄럭였다

오늘, 그대의 말씀과 나의 말 사이에서
무수히 복사되는 나와 그대,
우리들 사이를 넘나드는 복제된 말과 말씀들로
지워진 사랑과 그리움이
마침내 보이지도 들리지도 않더니

오늘밤 홀로 깨어난 내 안에서 울린다

고독,

태초의 침묵으로 명료하게 울린다.

해설

고독 혹은 허공의 반(反)문법
— 구석본 시집 『태초의 고독』 읽기

오민석(문학평론가·단국대 명예교수)

'말씀' 3부작

단지 생존하기 위해서라도 인간은 얼마나 많은 것을 움켜쥐어야 하나. 단지 살기 위해서라도 인간은 얼마나 더 많은 것을 긁어모으려 하나. 조금이라도 더 많은 것을 소유하고 끌어들여야 마음이 놓이는 세상에서 어떡하면 하나라도 더 버릴까, 어떡하면 조금이라도 더 떼어낼지를 고민한다면, 사람들은 그것을 반(反)문법, 반(反)체제, 반(反)문화, 반(反)상식이라 부를 것이다. 공리나 사회적 통념에 대한 의심과 거부가 예술의 중요한 속성 중의 하나라면, 모든 예술은 사실 반문법적이고, 반체제적이며, 반문화적이다. 김수영이 「시여, 침을

뱉어라」에서 "시는 문화를 염두에 두지 않고, 민족을 염두에 두지 않고, 인류를 염두에 두지 않는다" 했을 때의 "문화", "민족", "인류"는 권력이 만든 사회적 통념으로서의 그것들을 지칭한다. 이런 점에서 구석본 시인은, 구석본의 이 시집은 대단히 반통념적이며, 반체제적이고, 반문화적이다. 그는 소유와 축적이라는 욕망의 언어와 정반대의 고독과 허공의 언어로 자신을 몰아세운다. 그는 자아의 성을 쌓는 일보다 허무는 일에 더 집중하고, 지식과 정보의 아카이브를 만드는 일보다 해체하는 일에 몰두하며, 관계와 집단의 울타리보다 외로운 단독자가 되기를 더 추구한다.

가을의 말씀에는 은유가 없다

은유의 꽃이 사라지고
은유의 잎이 떨어지고
은유의 뿌리였던
허기와 향기가 지워지고 나면

원색의 하늘만 남아, 침묵의 하늘만 남아

태초의 말씀,
허공 가득한 바람의 의태어로

그대의 한 생을 증언하고 있다.

—「태초의 말씀」 전문

이 시집의 맨 앞에 배치된 이 작품은 구석본이 지향하는 언어의 고원(高原)이, 예술의 자리가 어떤 것인지를 잘 보여준다. 그는 놀랍게도 은유의 고향인 시의 고원에서조차 은유를 거부하는데, 이것이야말로 구석본의 가장 심한 래디컬리즘(radicalism)이다. 그가 볼 땐, 시의 '문법'인 은유조차 그 뿌리는 "허기와 향기"에 불과하다. 그것은 결핍에서 나오는 욕망의 언어이며, 악취를 가리는 위장의 언어이다. "가을의 말씀"은 그 모든 욕망과 위장의 이파리를 다 버린 언어, 그래서 "원색의 하늘", "침묵의 하늘"만 남은 언어이며, "태초의 말씀"이고, 그런 점에서 출발의 언어 혹은 언어 이전의 언어이다. 그는 물을 거부하며 수면 밖으로 튀어 오르는 물고기처럼 상징계에서 상징계를 거부하며 실재계로 몸을 던진다. "허공 가득한 바람"은 이렇게 은유의 옷을 다 벗어버린 자만이 순간적으로 만날 수 있는 태초의 언어이다.

사랑한다, 즐겁다, 괴롭다, 쓸쓸하다, 아프다,
더불어 형형색색으로 피어나고 지던 꽃의 이름들과
가슴 깊은 곳에 은밀하게 흐르는 그리움이 부르던

무수한 이름들,
그리고 밤마다 영혼을 찌르던 칼날 같은,
안으로만 소리 지르다가
어둠으로 가라앉은
침묵의 말씀들

그렇게 많은 명사와 동사와 형용사와
어간(語幹)과 어미(語尾) 깊숙이 서슬을 숨긴 채
옹알이처럼 울리는 침묵으로
거울을 보고 책장을 넘기고
때로 당신을 만나
웃음을 나누고 눈물을 흘리기도 하며
그렇게 한 생을 보낸 다음

비로소 알았다
비유와 상징이 휘발된 최후의 말씀

고독

한마디로 요약되는 것을.
─「최후의 말씀」전문

이 시집 1부의 첫 쪽엔 「태초의 말씀」이, 중간인 2부 앞부분엔 「최후의 말씀」이 있고, 이 시집의 3부 마지막 페이지엔 「침묵의 말씀」이 나온다. 다분히 의도적으로 보이는 이 배열 때문에 나는 이 세 작품을 '말씀 3부작'이라 부르고 싶은데, 이 3부작은 명백히 이 시집의 의미론적 뼈대를 이룬다. 1부의 "태초의 말씀"이 장식으로서의 은유를 모두 버린 "허공"의 언어라면, 2부의 "비유와 상징이 휘발된 최후의 말씀"은 "고독"의 언어이다. '고독'은 다른 것이 없이 홀로인 상태를 의미한다는 점에서 '허공'과 연결된다. '고독'의 언어는 그 "많은 명사와 동사와 형용사와/어간(語幹)과 어미(語尾)"의 이름들과 칼날들로 이루어진 소음이 다 가라앉은 다음의 언어라는 점에서 "침묵의 말씀"이고, 언어 너머, 언어 이후의 마지막 언어이어야 한다는 점에서 "최후의 말씀"이다. 한마디로 고독의 언어는 상징계의 마지막 언어이자 존재가 죽음을 담보하고 실재계로 건너뛰는 순간에나 만날 수 있는 파열의 언어다.

태초에 침묵이 있었나니

사랑도 침묵이었고 그리움도 침묵이었다
침묵의 말씀 안에 그대가 있었고
내가 있었다
새는 하늘을 날고 미루나무는 강가에서 잎을 펄럭였다

오늘, 그대의 말씀과 나의 말 사이에서
무수히 복사되는 나와 그대,
우리들 사이를 넘나드는 복제된 말과 말씀들로
지워진 사랑과 그리움이
마침내 보이지도 들리지도 않더니

오늘밤 홀로 깨어난 내 안에서 울린다

고독,

태초의 침묵으로 명료하게 울린다.
―「침묵의 말씀」 전문

이 작품은 3부의 마지막, 즉 이 시집의 제일 마지막에 결론처럼 배치된 시이다. 이 시의 제목인 "침묵의 말씀"이라는 구절은 이미 '말씀 3부작'의 두 번째 작품인 「최후의 말씀」에 등장한다. 이렇게 말씀 3부작을 잇는 태초―최후―침묵의 기표들은 결국 허공과 고독의 기의로 귀결된다. '태초'의 언어란 은유와 비유와 상징 등, 욕망의 기표들이 개입하기 이전의 언어, 즉 언어 이전의 언어로서 '허공'의 언어이고, '최후'의 언어란 태초 이후에 온갖 욕망으로 오염된 언어가 마침내 그 장식을 다 떨구어낸 상태의 '고독'의 언어이다. '침묵'의 언어란 이렇게 해서 되돌아간 태초이자 최후의 언어로서 "복제"의 소음들이 사라진 언어인데, 그것의 속성 역시 '고독'이다. 시인은 복제의 언어가 존재를 드러내기는커녕 모든 존재를 "보이지도 들리지도 않"게 한다는 점에서 신뢰하지 않는다. 침묵의 말씀은 복제 이전의 언어, 태초의 언어, 그리고 (태초의 상태로 다시 돌아간) 최후의 언어로서 고독의 언어이다.

지독한 고독

이 시집의 2/3 이상의 작품들에 고독, 외로움 혹은 허공이라는 단어들이 빠지지 않고 등장한다. 이런 단어들을 직접 사용하지 않는 나머지 작품의 경우에도 구석본은 대부분 고독과 허공의 개념에 대하여 언급하고 있다. 이는 구석본이 고독과 허공의 주제에 얼마나 깊이 천착하고 있는지를 잘 보여주는 지표이다. 키에르케고르(S. Kierkegaard)의 '단독자(single individual)'는 언제나 군중의 소란에서 벗어나 자신만의 고요한 내면에 들어 홀로 진리(신)와 대면한다. 진리는 오로지 주체가 욕망의 복잡한 관계에서 벗어나 진정한 자기 자신이 될 때만 드러나기 때문이다. 이런 관점에서 보면, 구석본은 마치 단독자의 고독을 방해하는 모든 것들을 하나하나 찾아내어 없애나가는 수

도승 같다. 그는 군살을 발라내고 욕망의 장식을 계속 떼어내 주체를 순수한 존재 자체로 만든다. 그가 꿈꾸는 단독자는 아무것도 걸치지 않은 '고독' 자체의 존재이며, 자신만이 아니라 자신이 속한 공간조차도 텅 빈 곳, 지독한 고독의 장소, '허공'으로 만드는 존재이다.

> 고슴도치 한 마리,
> 동그랗게 몸을 말아 허공에 걸려 있다
>
> 지상의 어둠 속에 웅크리고 있던 고독이
> 우주의 중심으로 솟아
>
> 노랗게 독이 오른 가시로
>
> 삼라만상(森羅萬象)의 급소를 찌르고 있다.
> ―「달밤」 전문

허공과 고독 외에 아무것도 없이 단순해진 이 풍경을 보라. 세계를 두어 개의 사각형을 빌어 극도로 단순화한 마크 로스코(M. Rothko)의 그림처럼, 구석본에게 세계는 허공을 배경으로 한 고독으로 단순화되고 추상화된다. 시인에게 세계는 그 이상도 그 이하도 아니다. 그러나 시인에게 고독은 죽은 사물이 아니다. 그것은 마치 고슴도치처럼 몸을 말고 허공에 걸린 채 "노랗게 독이 오른 가시로//삼라만상(森羅萬象)의 급소를 찌르고 있다." 그것은 죽은 그림이 아니라 진실의 명령어로 세계를 쑤셔대며 "우주의 중심"에 솟아 있는 자신을 드러낸다. 시인에게 고독은 무력한 실존이 아니다. 그것은 욕망으로 분칠된 외관을 거부하고 지극히 단순화된 세계의 본질 앞으로 돌진하는 이정표이며, 고요한 함성이다. 보라, 길은 장식과 비유를 모두 떨군 침묵의 언어, 지독한 고독의 언어에 있다.

> 그가 지나갔다
> 간이주점에 앉아 술잔을 기울이다가
> 문득 건너다본 중앙로에 그가 걸어가고 있었다
> 거리에는 가을비가 흑백영화의 배경처럼 내리고
> 그를 불러보지만, 묵묵히 지나가고 있다
> 이어서 그녀가 지나가고 있다
> 처음에는 혼자였던 그,
> 들여다보면 무리를 지어 지나간다
> 그는 그의 무리, 그녀는 그녀의 무리로 지나간다
> 무리가 된 그들의 뒤에 그들이
> 그다음에도 그들이 지나가지만
> 거리에는 적막으로 왁자할 뿐

> 어둠만 남아 형형색색으로 와자지껄할 뿐
> 가을밤의 어둠이 지나가는 그들을 지워가고 있다
> 문득 그들의 뒤를 따르는 한 사람이 있다
> 유난히 왼쪽 어깨가 높고 오른팔이 긴 한 사람,
> 지금까지 그들의 뒤를 쫓아가며 조금씩 지워져 가는
> 나를 보고 있었다.
>
> —「지나가는 풍경」 전문

살아 움직이는 영상 이미지를 보여주면서도 구석본은 이 세계에 무언가를 더하지 않고 자꾸 뺀다. 통상 글을 쓰는 행위가 이 세계에 무언가를 보태는 것이라면, 구석본에게 이런 부가적 행위란 매우 불편하고 마땅치 않은 일이다. 놀랍게도 그에게 '글쓰기(writing)'란 필름을 거꾸로 돌려서 이미 쓴 글을, 이미 저지른 일을 계속 다시 '지우는 것(unwriting)'이다. 도대체 위 작품의 '그'는 누구이고 '그녀'는 누구이며, 시인은 왜 없던 그들을 이 세계에 끌어들인 후에 바로 지우는가. 그들은 특정인일 수도 있지만, 분명한 것은 굳이 특정할 이유가 없는 보통명사의 존재들이라는 것이다. 중요한 것은 이들이 "처음에는 혼자"였다는 사실이다. 그런데 자세히 들여다보면 단독자였던 그들은 하나같이 그들의 "무리" 속으로 들어가 "무리로 지나간다". 그들이 지워지는 것은 그들이 혼자일 때가 아니라 바로 '무리' 속으로 들어갈 때이다. 가만히 보면, 그들을 바라보는 "나"도 "조금씩 지워져 가는"데, 내가 지워지는 것 역시 원래 혼자였던 내가 그들의 뒤를 따르고 쫓아가며 '무리'가 될 때이다. 그러므로 지워져 사라지지 않으려면 필름을 계속 거꾸로 돌리면 된다. 무리 속에서 거꾸로 나와 다시 처음의 "혼자"가 될 때, 존재는 비로소 존재로 다시 돌아오고, 그의 언어는 장식의 언어, 굴절의 언어가 아니라 태초의 언어, 언어 이전의 언어가 된다.

허공, 끔찍한 실재계의 절경

이쯤 되면 이미 짐작하겠지만, 구석본의 시학은 상징계에서 상징계의 옷을 벗겠다는 모순의 시학이고 배리(背理)의 시학이다. 그러나 그의 시학을 모순이나 반리(反理)로 만드는 것은 그가 아니라 상징계 자체이다. 시의 비극은 (말을) 하면 할수록 본질에서 멀어지는 말로 본질에 대하여 계속 말을 해야 한다는 것이다. 말은 늘 결핍을 생산하므로 하면 할수록 할 말은 더 많아진다. 더 많은 말이 계속해서 더 많은 결핍을 생산할 때, 시는 바로 자신의 몸인 말로 말과 싸우며 말을 지우는 말이다. 그러므로 배리는 시인이 아닌 말(언어) 안에 있고, 그 말로 말을 하는 시인의 행위 안에 있다.

아름다움의 배후는 두려움이다
이를테면 절벽의 끝에 서서 내려다볼 때
온몸을 관통하는 두려움, 한순간 눈을 감는다
눈을 뜨자 낭떠러지 아래의 모든 사물들이
형체를 풀고 가물거린다
풀어진 힘으로 안개가 피어오른다
꽃과 나무, 그 사이를 날아다니는 새,
물과 바람, 그리고 그들이 부딪치며 내는 소리까지
형체를 버리고 서로가 섞일 때
낭떠러지의 아찔한 절경이 되는 것이다

내 가슴에도 낭떠러지가 있다
불면의 밤, 명예와 욕망의 끝자락에 서서
두려움으로 감았던 의식의 눈을 뜨면
내 안이면서 닿지 못한 아스라한 곳,
그곳에서 가물거리는
그리움, 외로움, 쓸쓸함이라 불리던 것들
안개처럼 풀어져 울음으로 혹은 눈물이 되어
나를 적시지만
스스로 닿을 수 없는 내 안의 그곳,
내 영혼으로 채울 수 없는 절경의 허공이다

—「내 안의 허공」 전문

상징계는 차이를 생산하는 공간이다. 말은 기표의 숫자만큼 차이를 만들어내고 세계를 분리된 기표들 안에 가두려 한다. 그러나 기호 안에 갇히는 세계란 없다. 기표가 하나의 기의 안에 세계를 가둘 때, 다른 기의들이 그 기표 밑으로 끼어든다. 기표는 지시성(reference)을 상실한 좌표가 된다. 그것이 지시하는 곳에 세계는 없다. 세계는 계속 다른 곳으로 달아나고, 기표는 무한 증식하는 기의들로 분열된다. 그러므로 기표가 생산하는 모든 차이의 완결성은 거짓이거나 환상이다. "꽃과 나무, 그 사이를 날아다니는 새,/물과 바람, 그리고 그들이 부딪치며 내는 소리"의 기표들은 차이의 세계를 만들어내는 것 같지만, 그 기표들의 끝 어디에도 그것들이 확정할 수 있는 것은 없다. 진정한 아름다움은 상징계가 만들어내는 차이의 세계와 작별하며 실재계의 "낭떠러지"에 몸을 날리는 순간에 온다. 두려움을 동반하지만 세계가 "형체를 버리고 서로가 섞일 때"만 실재계의 "아찔한 절경"이 열린다. 낭떠러지의 절경은 차이들을 지움으로써, 즉 의미화 과정 자체를 부인함으로써 비로소 '허공'이 된다. 시인은 상징계의 절벽에서 실재계를 향하여 몸을 던진다. 그 순간 "그리움, 외로움, 쓸쓸함이라 불리던 것들"은 지시성을 상실하고 더 이상의 차이를 만들어내지 못하며 아름다운 "절경의 허공"이 된다. 그리고 이 모든 허공은 언어 이전의 언어, 태초의 언어, 혹은 최후의 말씀을 지향하므로 죽음("두려움") 너머에 존재한다. 구석본은 자신을 계속해서 이 끔찍한 절벽으로 몬다. 누가 감히 그처럼 이 지독한 고독, 끔찍한 허공을 궁구할까. 누가 그처럼 언어를 가장 사랑하며 동시에 가장 증오할까.

시인동네 시인선 257

태초의 고독

ⓒ 구석본

초판 1쇄 인쇄	2025년 7월 30일
초판 1쇄 발행	2025년 8월 6일
지은이	구석본
펴낸이	김석봉
디자인	헤이존
펴낸곳	문학의전당
출판등록	제448-251002012000043호
주소	충북 단양군 적성면 도곡파랑로 178
전화	043-421-1977
전자우편	sbpoem@naver.com

ISBN 979-11-5896-701-7 03810

*이 책의 판권은 지은이와 문학의전당에 있습니다.
*양측의 서면 동의 없는 무단 전재 및 복제를 금합니다.
*잘못 만들어진 책은 바꿔드립니다.